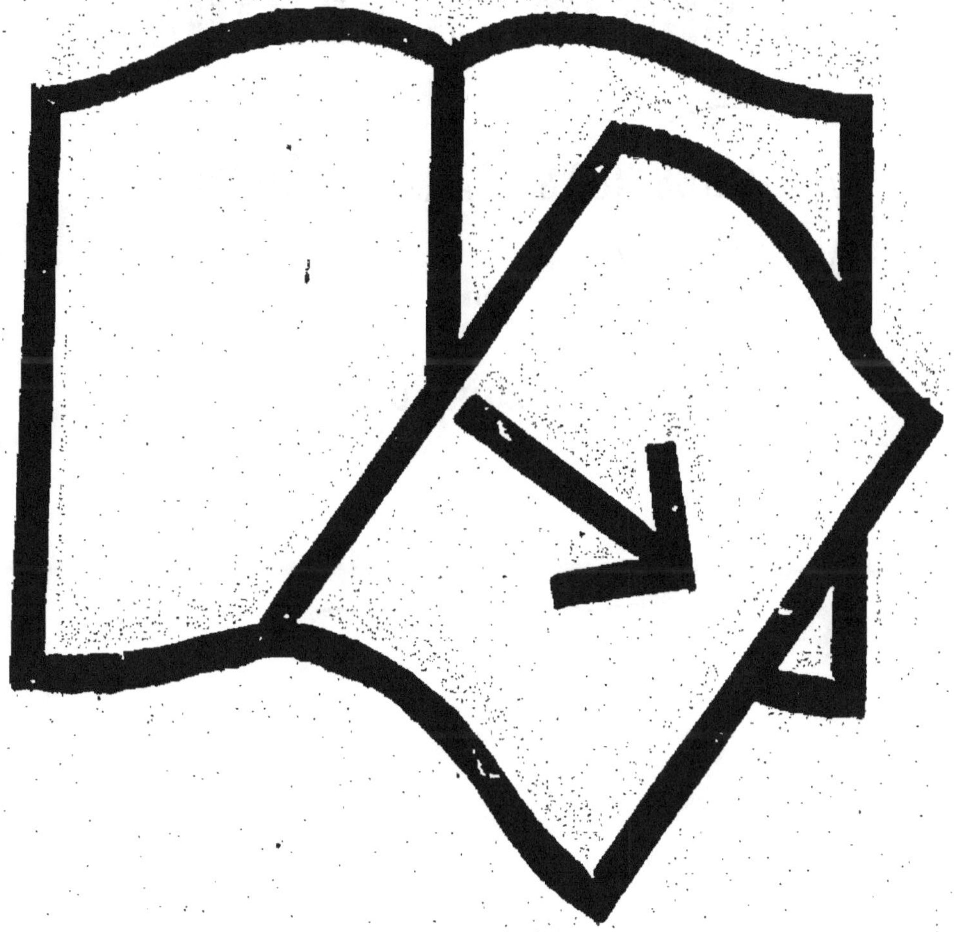

Couvertures supérieure et Inférieure manquantes

LE
REVERS DE LA MÉDAILLE

QUESTIONS MARSEILLAISES

PAR

L. CHAMPSAUR.

MARSEILLE
EN VENTE CHEZ LES PRINCIPAUX LIBRAIRES
ET CHEZ L'AUTEUR, RUE DE LA ROTONDE, 26.
—
1868.

PRÉFACE

Enfantement du Journal Démocratique quotidien

LE

PHARE DU MIDI

Prima mihi charitas.

Avant de m'occuper des affaires des autres, je vais parler un peu des miennes.

En août 1863, je demandai au gouvernement l'autorisation de publier, à Marseille, un journal semi quotidien, qui traiterait spécialement des questions économiques et sociales. Mon programme était formulé en quelques lignes :

Liberté de l'industrie ;
Liberté du commerce ;
Liberté du crédit ;
Liberté du travail ;
Liberté du courtage ;
Liberté de la navigation, etc.

A cette époque, les journalistes bataillaient pour les courtiers marrons, pour le droit de coalition chez les ouvriers (droit existant déjà, de fait, chez les patrons), et pour la liberté de la boulangerie. Les écrivains qui, comme moi, ont pris part à la lutte n'ont pas à regretter leur encre et leur papier.

M. de Persigny chargea le secrétaire général des Bouches-du-Rhône de me faire connaître *verbalement* sa décision. M. Fanjoux me dit gracieusement que le gouvernement approuvait beaucoup mon programme, mais qu'il n'avait pas cru devoir accueillir ma demande — *pour le moment*.

Ces mots « pour le moment » me comblèrent de joie, car ils signifiaient qu'un peu plus tard j'obtiendrais le privilége sollicité.

La joie que j'éprouvais ne me fit pas oublier pourtant que j'avais besoin d'une copie du refus *momentané* du ministre *irresponsable*, pour pouvoir en appeler à l'Empereur, *responsable* de la décision de son subordonné. J'insistai pour avoir une copie de la décision de M. de Persigny me concernant. M. Fanjoux, de plus en plus aimable, me répondit qu'il comprenait parfaitement mon insistance et qu'il regrettait vivement de ne pas pouvoir me remettre cette copie. Il avait reçu de son supérieur l'ordre de me donner une réponse de vive voix. L'amabilité de M. Fanjoux m'enhardit. Je demandai à connaître les motifs sur lesquels le ministre de l'intérieur s'appuyait pour m'empêcher d'exercer ma profession. M. Fanjoux s'exécuta avec obligeance. Il me donna lecture de la dépêche ministérielle. A la fin de cette lecture, je partis d'un éclat de rire discret qui se communiqua peut être à mon interlocuteur. — M. de Persigny — on l'a déjà compris — ne donnait aucune raison. — L'ami de M. de Maupas, usant de son pouvoir discrétionnaire, n'avait pas cru devoir accueillir ma demande..... POUR LE MOMENT.

En 1866 je pensai que ma pénitence avait été assez longue et que mon stage avait assez duré. L'ami de M. de Maupas avait, d'ailleurs, disparu du ministère, et son successeur ne passait pas pour être au mieux avec le sénateur-administrateur des Bouches-du-Rhône. La circonstance me parut des plus favorables.

M. de La Valette me fit répondre — de vive voix — par

M. Fanjoux, que ma demande était rejetée. Je demandai une copie de la décision du ministre. Elle me fut refusée. Je voulus connaître les motifs du refus. Ils restèrent pour moi dans la bouteille d'encre.

Je ne me décourageai pas. Il y a près de trois mois, j'adressai au successeur de M. de La Valette la pétition ci-après :

« Marseille, le 6 janvier 1868.

« Monsieur le Ministre,

« Le vote de la loi sur la presse éprouvant un léger retard, et l'*autorisation préalable* n'étant pas encore supprimée, malgré les promesses faites par l'Empereur il y a un an, j'ai l'honneur de vous demander la permission de publier, à Marseille, un journal politique quotidien, sous le titre : *Le Phare du Midi*.

« Le programme du *Phare du Midi* sera celui qui a été développé dans les demandes adressées par moi à vos prédécesseurs, en août 1863 et en mars 1866.

« M. de Maupas n'étant plus là pour maintenir la toute puissance aux feuilles monarchiques et cléricales de Marseille, pour préserver le monopole qui sert si bien les intérêts des hommes de la *Gazette du Midi* et du *Sémaphore*, j'ai une confiance entière dans le succès de ma présente démarche.

« Dans le cas, pourtant, Monsieur le Ministre, où, usant de votre pouvoir discrétionnaire, vous croiriez devoir suivre l'exemple de vos prédécesseurs, je ferais observer que, pendant ces dernières années, l'administration n'a pas opposé la même fin de non-recevoir à M. Eugène Roux, de la *Gazette du Midi* ; à M. Léopold Arnaud, du *Messager de Provence* ; à M. Esprit Privat, du *Nouvelliste*, et à M. Ad. Royannez, de la *Voix du Peuple*.

« J'ai l'honneur d'être, Monsieur le Ministre, votre très-humble serviteur,

« L. CHAMPSAUR.

« Rue de la Rotonde, 26, Marseille. »

Il y a progrès.

M. de Persigny me fit dire, en 1863, *qu'il n'accueillait pas ma demande* POUR LE MOMENT.

M. de La Valette me gratifia, en 1866, d'un refus net et sans phrase.

M. Pinard, deux ans après, trouve superflu de me répondre.

Je suis tenté de remercier M. le ministre de ses dispositions peu bienveillantes à mon égard, car les priviléges accordés par l'administration à MM. Eugène Roux, Esprit Privat, Léopold Arnaud et Adolphe Royannez, n'ont pas porté bonheur à ces écrivains.

La *Voix du Peuple* n'a pas pu paraître.

Le *Messager de Provence* et le *Nouvelliste* traînent une existence qui n'est pas des plus florissantes.

Depuis son investiture, M. Eugène Roux, se souvenant sans doute des recommandations de son collaborateur Louis Neyret, conduit doucement la barque de la *Gazette du Midi* dans les eaux de l'*Agence* de M. Havas.

Le mauvais vouloir administratif qui était pour moi une cause de mort, va devenir peut-être une cause de vie. Avec la nouvelle loi sur la presse, le public sera, en effet, le seul et unique maître. Il fera donc au *Phare du Midi* l'accueil qu'il voudra ; MM. Pinard, de La Valette, de Persigny et de Maupas ne pourront plus l'en empêcher. L'Empire ne s'en portera ni mieux ni plus mal.

MM. Gras, du *Messager du Midi*, Dardenne, du *Journal de Nice*, Ernest Merson, de l'*Union Bretonne*, et Moisand, du *Moniteur de l'Oise*, viennent de faire un tour de passe-passe que tous les journalistes de province ont le devoir de relever comme il le mérite. Ces messieurs se sont présentés aux Tuileries, *en qualité de représentants de la presse départementale*; l'Empereur et l'Impératrice, croyant à l'existence de leur mandat, ont gracieusement reçu les délégués.

Or, MM. Gras, Merson et Moisand n'étaient, paraît-il, délégués que par eux-mêmes. D'où on peut tirer l'induction qu'ils ont essayé de surprendre la bonne foi de l'Empereur et de l'Impératrice, pour un méprisable intérêt de boutique.

Tous les journaux politiques de Marseille, le *Sémaphore*, la *Gazette du Midi*, le *Nouvelliste*, le *Messager de Provence* et le *Courrier*, se sont plaints du sans-façon avec lequel on les a englobés dans une démarche qu'ils désapprouvent. Les directeurs des trois ou quatre feuilles politiques qui doivent paraître après le vote de la loi sur la presse, étaient naturellement plus vexés que leurs confrères de la démarche originale tentée *in extremis* auprès du chef de l'Etat.

Je constate volontiers cette unanimité. Elle prouve que l'opinion publique se prononce avec tant d'énergie dans notre ville en faveur de l'adoucissement réservé aux feuilles publiques que pas un seul journal — pas même celui qui touche annuellement la somme ronde de quarante mille francs, par suite du monopole des annonces légales — n'a pu approuver la supercherie de MM. Gras et consorts.

Le chef de l'Etat s'est bien gardé, d'ailleurs, d'accorder la moindre confiance à ces soutiens du monopole du journalisme assermenté; car, aussitôt après les avoir reçus et entendus, il a déclaré à son premier ministre qu'il désirait ne pas marcher à reculons, comme on l'y conviait, et que le moment était venu de faire passer dans la pratique sa lettre, déjà un peu ancienne, du 19 janvier 1867. On se souvient du reste.

Le mot du Souverain mit en déroute le bataillon tapageur mais peu serré de l'Arcadie. La suppression de l'*autorisation préalable* fut aussitôt votée. MM. Gras, Merson et Moisand purent retourner dans leur pays natal où on parlera longtemps de leur déconvenue méritée.

L. CHAMPSAUR.

CHAPITRE Ier.

Les Pontificaux Canadiens.

Le passage à Marseille des pontificaux Canadiens a causé dans cette ville une émotion qui n'est pas encore entièrement calmée. Les manifestations qui ont eu lieu à cette occasion ont présenté plus de gravité que ne l'ont dit les journaux. Le calme habituel de la cité aurait pu être momentanément compromis par d'imprudentes manifestations.

De nouveaux détachements Canadiens doivent traverser Marseille au premier jour. Pour éviter le retour des incidents regrettables que l'on a eu à déplorer, il suffira, je l'espère, de faire connaître toute la vérité sur ce qui s'est passé à propos des Canadiens n° 1. Je serai bref.

Cent quarante-six volontaires Canadiens arrivent à Marseille vendredi au soir 6 mars. Ils sont vêtus de gris et portent une coiffure blanche. Leur costume se rapproche assez de celui des garçons cuisiniers et des ouvriers boulangers. Ils marchent militairement sous les ordres d'un commandant et précédés d'un drapeau. Ce drapeau est blanc et entouré de franges d'or. Il a pour emblème une fleur de lys et pour inscription les mots suivants :

Aime Dieu, et vas ton chemin.

Ce sont des hommes jeunes et bien plantés. C'est l'avant-garde d'un bataillon Canadien qui se rend à Rome pour étayer le pouvoir temporel du pape chancelant.

Samedi matin, 7 mars, ils vont entendre la messe — action pacifique s'il en fut — au sanctuaire de *Notre-Dame-de-la-Garde*. Ils escaladent la colline militairement, ayant à leur tête leur drapeau blanc et leur commandant, M. Taillefer. La descente a lieu au pas gymnastique ; des groupes de Marseillais et de Marseillaises assistent à cet étrange défilé. Les mélomanes regrettent qu'il n'y ait pas de musique ; la surprise est peinte sur tous les visages. La plupart des curieux se retirent en faisant la remarque que toutes les plaisanteries n'ont pas lieu pendant le carnaval.

Dans le courant de l'après-midi les Canadiens font une promenade militaire, avec le drapeau, sur les quais. Les ouvriers du port croient à une manifestation politique et accueillent le détachement par des sifflets.

A huit heures, le drapeau sort de nouveau de l'hôtel Beauvau et guide les zouaves de l'autre monde vers le *Cercle Religieux*, qui donne une fête à leur intention. On rentre au logis militairement. Il faut croire que les Canadiens en voyage n'aiment pas à se coucher de bonne heure. A dix heures du soir, ils sortent de nouveau et avec leur drapeau. Où vont-ils ? Sans doute flâner au *Casino* ou à l'*Alcazar* ou dans les rues de la ville.

A partir de ce moment, la scène change du tout au tout. Les soldats du pape ont eu le haut du pavé pendant 24 heures. C'est assez.

Le drapeau des Canadiens, accueilli par une bordée de sifflets, disparaît aussitôt et rentre dans l'hôtel d'où il ne sort plus. M. Taillefer, qui est un homme bien élevé et qui parle français comme ses soldats, s'approche des groupes et demande des explications. Il lui est répondu qu'il n'est pas dans les usages marseillais de se promener militairement dans les rues avec des drapeaux étrangers. On le prévient en outre que si son drapeau paraît encore, on l'enlèvera et on le jettera dans le vieux Port. On ne lui laisse pas ignorer qu'une partie des habitants considère, comme un acte de provocation, cette exhibition répétée du drapeau de ses pontificaux.

Un bon averti en vaut deux !

M. Taillefer rentre chez lui pour se reposer des fatigues de la journée. Chacun en fait autant.

Dimanche matin, 8 mars, les Canadiens assistent — *sans drapeau* — à la messe des *Augustins*. Le drapeau arrive vers la fin de la messe ; il est déployé et on se met en marche, sur deux rangs, pour aller s'embarquer. On passe par la rue *Impériale* et on descend par le boulevard des *Dames*.

A son arrivée sur le quai de la *Joliette*, le susdit drapeau, que M. Taillefer a le tort de montrer encore, après les renseignements qui lui ont été hospitalièrement fournis la veille, est salué par une musique des plus stridentes. Les sifflets, cette fois, ont sans doute été empruntés aux équipages des bateaux à vapeur et au personnel du chemin de fer, car on les entend de très loin. Cent cinquante membres du *Cercle Religieux* se trouvent déjà sur le quai. Ils assistent en simples spectateurs à cette démonstration inattendue du sentiment populaire et n'essaient pas « de noyer les sifflets dans leurs applaudissements. »

Cependant les hommes gris, coiffés de blanc, sont tous arrivés sur le quai. Les sifflets redoublent d'intensité : il en vient du Sud et du Septentrion, de l'Occident et du Ponant. Le commandant et le porte-drapeau sont dans une position des plus épineuses. Comment vont se tirer d'embarras ces deux imprudents ?

M. Tailleffer s'approche d'un siffleur et demande à qui s'adressent les sifflets.

Réponse. — *Marseille est une ville hospitalière, les sifflets ne s'adressent donc pas à vous ou à vos hommes. Ils s'adressent à votre drapeau.*

Le chef Canadien, étourdi par cette réponse, pourtant bien naturelle et des plus sensées, porte la main sur le siffleur, entraîne celui-ci vers le drapeau et l'invite à faire amende honorable. Un certain nombre de citoyens se précipitent sur M. Taillefer, dégagent le français, et disent aux Canadiens qu'il n'y a pas d'amende honorable à faire; les sifflets recommencent. La querelle s'envenime, le tumulte est à son comble, et une leçon humide va peut-être être donnée à des têtes trop exaltées, lorsque M. Migeon, commissaire spécial des ports, ceignant son écharpe à la hâte, s'interpose sagement et résolûment. Il est aidé dans son œuvre d'apaisement par un inspecteur de police et quelques agents.

Les pontificaux s'embarquent aussitôt et leurs cris répétés de : *Vive le Pape-Roi* se marient harmonieusement aux sifflets qui partent des quais et de la jetée du large.

Les témoins de ce spectacle étaient d'autant plus nombreux que la *Gazette du Midi* avait eu la précaution d'indiquer d'avance le lieu et l'heure du départ et que la fête était gratuite. Ce Journal ne supposait pas sans doute qu'en publiant cet avis, il préparait à ses amis du Canada un déboire des plus cruels, et aux personnages qui avaient préparé cette mise en scène une mortification réelle.

La police s'est comportée dans cette circonstance avec beaucoup d'intelligence et de tact. Elle a su empêcher une collision rendue imminente par l'imprudence et les provocations du commandant Taillefer, et elle a eu la satisfaction de rétablir l'ordre sans avoir de délit à réprimer.

On a remarqué avec plaisir qu'il n'y avait pas un seul Italien parmi les curieux et les siffleurs. Les journaux qui ont affirmé le contraire ont trompé le public, volontairement ou involontairement. Je défie ces feuilles — habituées à parler seules sur les affaires de Marseille — de contredire l'exactitude du récit qui précède.

CHAPITRE II.

Faillite Emsens et Cie.

Les grandes catastrophes industrielles se suivent et se ressemblent.

La raffinerie de sucre *Franco-Belge* (société Zangronitz et Cie) dont le siège était établi à Marseille, quartier de Saint-Louis, avait dévoré le capital-actions (CINQ MILLIONS), plus *deux millions* environ aux créanciers.

La société Emsens et Cⁱᵉ, qui a succédé à M. Zangronitz, n'a pas fait une meilleure fin.

Par jugement du tribunal correctionnel de Marseille, en date du 5 juillet 1867, Florent Emsens, fugitif, a été condamné à CINQ ANNÉES D'EMPRISONNEMENT et à trois mille francs d'amende.

La société dont M. Emsens était le gérant a été déclarée en état de faillite. On connaît aujourd'hui toute l'étendue de ce désastre industriel.

Les actionnaires ne toucheront pas un centime. C'est pour eux une perte sèche de TROIS MILLIONS.

Les créanciers auxquels il était dû la somme énorme de NEUF MILLIONS DE FRANCS toucheront DEUX CENT VINGT-CINQ MILLE FRANCS, soit le DEUX ET DEMI POUR CENT de leur créance. Cette somme sera payée et liquidée au premier jour.

Il était dû DEUX MILLIONS DEUX CENT MILLE FRANCS environ à la douane. Cette administration a pu être intégralement payée, puisqu'il reste quelque chose aux créanciers chirographaires.

M. Florent Emsens avait une grande position à Marseille. Il était ce que l'on appelle un personnage. Chaque année, pour la *Saint-Louis*, il donnait un billet de banque de cinq cents francs au curé de la paroisse de *Saint-Louis*.

Cet honorable industriel faisait partie du cercle religieux dirigé par le révérend père Tissié. M. Florent Emsens était inscrit sur les registres du cercle sous le numéro d'ordre 1430.

Les membres du cercle religieux jouant un grand rôle dans la politique marseillaise, je crois devoir publier deux des principaux articles de leurs Statuts. Les voici :

Art. 7. *Pour être membre du cercle, il faut :*

1° *Avoir une éducation sociale et tenir une position indépendante des besoins journaliers ;*

2° *Justifier d'une conduite honorable, professer la religion catholique et en remplir les devoirs.*

Art. 12. *Les œuvres de charité permanentes ou transitoires qu'on désirera faire adopter par le cercle devront être soumises au conseil d'administration, qui en aura préalablement délibéré.*

M. Florent Emsens habite actuellement la Belgique, où il se trouve, dit-on, à l'abri des besoins journaliers.

Le conseil de surveillance de la Société Emsens et Cie, qui n'a pas pu empêcher cette chute de millions, était composé de cinq membres, dont trois marseillais et deux amsterdamois : MM. A. Roncayolo, *président*, Alma, H. Vidal, Louis Kuinders et Auguste Hendrich. Cette affaire n'est peut-être pas encore terminée, car il est possible que les membres du conseil de surveillance soient actionnés en responsabilité. Ce n'est pas probable pourtant. Amsterdam est si loin ; Marseille est si connue !

CHAPITRE III.

**Vicaires, Desservants et Curés de Marseille;
Casuel; — Droit d'étole; etc.**

Les cléricaux marseillais sont-ils au-dessus de la loi ?

Mes lecteurs pourront décider tout à l'heure si ce point d'interrogation est de trop.

Avant l'arrivée de M. Cruice le casuel des paroisses *de la ville* de Marseille était partagé de la manière suivante : La *Commission du casuel* centralisait toute la recette effectuée pendant le mois et en faisait une masse commune. Cette somme était répartie, par égale part, entre les curés, les desservants et les vicaires des *paroisses* et des *succursales*. Chaque curé de *paroisse* et chaque desservant de *succursale* touchait — à titre de *droit d'étole* — un douzième de plus que chaque vicaire.

Les ecclésiastiques dits *prêtres attachés* (italiens, réfugiés espagnols, polonais, etc.) n'étaient pas compris dans cette distribution. Ceux-ci n'ont pas de traitement légal ; ce sont de simples auxiliaires des abbés en fonction, et ils sont payés *à la tâche*.

A l'arrivée de M. Cruice, les curés et les desservants demandèrent l'établissement, à Marseille, du *droit d'étole*, tel qu'il est établi depuis longtemps à Paris ; mais ils oublièrent de dire au nouvel évêque qu'ils le possédaient déjà, par le fait de la perception du *douzième* dont je viens de parler.

Le nouvel évêque accueillit favorablement leur demande. Il est sous entendu que les curés et les desservants touchèrent le nouveau *droit d'étole* sans supprimer l'ancien *douzième*. Ils touchèrent donc un supplément dans le prix des mariages et des enterrements, qui varie entre *un* et *quinze* francs par cérémonie religieuse, suivant les circonstances. *Cette décision de Mgr ne fut point soumise à l'approbation du gouvernement. La redevance fut donc perçue illégalement.* Les fidèles payèrent ce qui leur était demandé, sans savoir qu'ils avaient le droit de refuser ce supplément d'honoraires.

Cette situation dure encore. Les vicaires ne sont pas contents d'être laissés dans l'oubli, et ils désirent que ce supplément, retenu par les curés et les desservants, tombe dans la masse commune, comme avant l'arrivée de M. Cruice.

M. Place accueillera-t-il les réclamations des vicaires ?

Cette nouvelle façon d'opérer a amené un résultat aussi original qu'anormal : Les *desservants* des *succursales* des *Réformés*, de la *Palud* et de *Saint-Charles* sont plus payés — à cause de ce supplément — que leurs supérieurs les *curés* des paroisses de *Saint-Martin*, des *Prêcheurs* et des *Augustins*. — Cela s'explique facilement. Les brillantes succursales de *Saint-Vincent-de-Paul*, de la *Trinité* et de *Saint-Charles*, sont dans des quartiers riches et élégants, tandis que les cures de *Saint-Martin*, de *Saint-Cannat* et de *Saint-Ferréol* sont au centre de quartiers pauvres et humbles.

Le supplément perçu par chacun des trois desservants des succursales de *Saint-Vincent-de-Paul (les Réformés)*, de la *Trinité (la Palud)*, et de *Saint-Charles* est d'environ trois mille francs par an.

En résumé l'organisation financière actuelle est nuisible aux intérêts des curés de canton et des vicaires de toutes les églises de la ville (paroisses et succursales). Elle favorise outre mesure les intérêts particuliers de quelques desservants.

Voici quelle était, avant l'arrivée de M. Cruice, la situation respective des curés, des desservants et des vicaires de la ville. Je ne m'occupe pas de la banlieue.

Les curés touchaient annuellement :

Du gouvernement............	1,500 fr.
Des fabriques...............	1,000 »
Casuel, environ.............	1,200 »
Douzième du Casuel, environ...	100 »
Total.....	3,800 fr.

Les desservants touchaient annuellement :

Des fabriques...............	1,000 fr.
De la Mairie................	1,000 »
Casuel, environ.............	1,200 »
Douzième du Casuel, environ...	100 »
Total......	3,300 fr.

Les vicaires touchaient annuellement :

Des fabriques...............	500 fr.
De la mairie................	300 »
Casuel, environ.............	1,200 »
Total.....	2,000 fr.

Il y avait, par conséquent, un écart de 500 fr. en faveur des curés sur les desservants, et un écart de 1,300 fr. en faveur des desservants sur les vicaires.

Les curés et les desservants reçoivent en outre, de la mairie, une indemnité de logement de 900 fr. par an, quand il n'y a pas de presbytère. Les vicaires se logent à leurs frais.

Les investigations auxquelles j'ai dû me livrer pour étudier la question du casuel et pour être édifié sur la nature des dissensions qui existent en ce moment parmi les membres du clergé de Marseille, ont amené des trouvailles inattendues.

Ainsi, le Conseil municipal vote annuellement une somme de 5,000 fr. pour dix chanoines, à raison de 500 fr. pour chacun.

Or, il n'y a que *neuf* chanoines. Parmi eux se trouve, en outre, M. Vitagliano, qui n'a pas droit à cette indemnité, puisqu'il touche sa part du casuel, en sa qualité de curé de la Major. — Voilà donc deux parts de 500 fr. disponibles. — Qui les encaisse ? — *Nul ne le sait.*

Pourquoi la commune partage-t-elle cette ignorance générale ?

Le Conseil municipal vote un supplément de 300 fr. pour chaque vicaire. — Il y a souvent des vacances dans les vicariats. — A la fin du mois, un prêtre se présente pourtant, dit-on, à la caisse municipale, et touche le supplément mensuel, comme s'il était vicaire titulaire. — Cet abus daterait de l'administration de M. de Mazenod.

Je livre ces deux points au contrôle de MM. les conseillers municipaux.

Deux journaux ont publié une note très-importante sur les dépenses faites à Marseille, pendant ces dix dernières années, pour les frais du culte. Cette note n'a pas été contredite; il y a donc lieu de la tenir pour exacte; je la reproduis ici:

« Le Conseil municipal de Marseille a eu à voter dans l'une de ses dernières séances sur un nouveau subside à accorder pour l'achèvement de l'église de Saint-Vincent-de-Paul *(les Réformés)*, subside de soixante mille francs. Cette église, dont le transsept et l'abside sont seuls terminés, devait être livrée totalement achevée à la commune moyennant quatre cent mille francs. La ville a déjà payé cette somme; elle a de plus voté, il y a un an ou deux, une seconde subvention de trois cent trente mille francs pour l'achèvement de la première partie, sur laquelle somme quatre-vingt-six mille francs restent à payer et sont inscrits au budget de cette année. Ainsi donc voilà une église qui, après sa construction, devait faire retour à la ville de Marseille moyennant quatre cent mille francs, pour laquelle la commune a déjà dépensé sept cent trente mille francs, qui n'est encore cependant bâtie qu'à moitié et que l'on colloque à la ville, parce que l'on ne peut plus faire autrement.

« Le gouvernement n'entend pas que les municipalités agissent, en pareil cas, par voie de subvention. Le conseil municipal ne peut donc plus accorder de subsides à la fabrique de Saint-Vincent-de-Paul, et il va faire alors exécuter à ses frais la seconde partie de l'église dont l'achèvement coûtera au moins deux millions. C'est pour commencer ces travaux que le Conseil a voté, vendredi, une première somme de soixante mille francs. Quelle raison a-t-on fait valoir pour pousser le conseil à engager, d'une façon aussi lourde, les finances déjà si obérées de la ville, pour la construction d'une église établie en dehors des alignements? Aucune, si ce n'est qu'il serait dommage de ne pas achever un monument qui terminera d'une manière agréable la promenade des *Allées de Meilhan*. Une perspective de deux millions, c'est un peu cher, même pour l'œil d'un fidèle. Voilà donc la ville lancée dans des dépenses qu'elle ne pouvait prévoir, *et sur lesquelles elle n'avait pas été consultée.*

« Du reste, tout ce qui se passe à la mairie de Marseille à propos des frais du culte est vraiment incroyable.

« Dans une période de dix ans, de 1857 à 1868, le culte a déjà coûté à la commune *quatre millions sept cent cinquante-huit mille francs.* En 1866, la dépense s'est élevée à cinq cent soixante-treize mille francs, dont quatre cent vingt-trois mille six cents pour constructions nouvelles et embellissements. *Et souvent la ville paie sans avoir été préalablement avisée de rien!*

« Pour la construction de l'église Saint-Pierre, le devis avait été dépassé de vingt-trois mille francs. La ville a payé. Je cite cet exemple, mais il doit y en avoir d'autres. Cela vient d'un abus très grand qui existe dans le bureau de l'architecte spécial, lequel a la faculté de modifier les devis au gré des curés. C'est ainsi qu'on a eu un procès qui a fini par une première condamnation du prêtre à payer l'excédant des dépenses, puis, en appel, un arrêt qui renvoyait l'entrepreneur *en face de je ne sais plus qui.*

« L'employé communal chargé des églises, des presbytères et des cimetières est une sorte de vice-roi qui commande à son gré.

« Quand le conseil municipal de Marseille, sur le rapport de M. Octave Moreau, a voté une somme de soixante-cinq mille francs environ pour couronner l'édifice de la Vierge-de-la-Garde par une statue colossale, *cette statue était déjà commandée par la fabrique.*

« Depuis bientôt deux ans, l'église de Saint-Cannat est entourée d'échafaudages déserts. On veut sans doute, à défaut d'activité, expliquer par la durée des réparations l'importance de la dépense. »

De l'église nous allons faire un petit tour au cimetière — c'est un chemin que l'on fait quelquefois.

Le moment est venu pour les contribuables marseillais d'exiger le changement de certaines pratiques administratives. Le conseil municipal a voté la construction d'une conduite devant amener au *Jarret* les eaux du cimetière Saint-Pierre. Il y a eu cahier des charges et adjudication. Le vice-roi, dont il est parlé plus haut, n'a pas tenu compte du cahier et a donné des ordres aux entrepreneurs, MM. Vacher et Manaranche, qui ont augmenté la dépense de dix-sept mille francs. M. Bernex a écrit à ces entrepreneurs avec un sans façon délicieux. M. le maire a rassuré M. Manaranche sur la suite de cette affaire, lui annonçant qu'il lui ferait payer tous les travaux.

Les contribuables réclament la révocation de M. Rey; ils demandent en outre que ces 17,000 francs soient laissés au compte du maire. M. Bernex est coutumier du fait; il a prouvé à diverses reprises qu'il ne tenait pas compte des décisions du conseil municipal. C'est à celui-ci à prouver qu'il existe. M. Bernex touche 30,000 francs pour frais de représentation; il n'est donc que juste de lui faire payer la faute qu'il vient de commettre. Le conseil municipal *fusioniste* de Nîmes a émis récemment un vote semblable: son maire va être changé, bien qu'il soit député. A la veille des élections générales, le gouvernement ne veut pas brusquer les populations des villes; il a déjà assez de peine pour atténuer la mauvaise impression produite par la création de la garde mobile. — Ce différend va-t-il se terminer en queue de poisson comme tant d'autres?

CONSEILLERS MUNICIPAUX DE LA *Fusion!*

Les contribuables vous regardent!! — Le cimetière vous attend??

CHAPITRE IV

Les Cafés Chantants.

Je suis depuis quelque temps à la recherche de renseignements et de documents qui me sont indispensables pour mener vigoureusement une campagne que je me propose d'ouvrir prochainement contre les cafés-chantants de Marseille.

Je me suis adressé, à cet effet, à M. X..., homme qui a la réputation de posséder un petit arsenal approvisionné d'armes bien trempées.

M. X..., m'adresse les lignes suivantes :

« Pourquoi voulez-vous parler des cafés-chantants ? — Ils tirent
« presque tout le drap de lit de leur côté, il est vrai. — Ils sont
« absorbant, c'est convenu. — Ce sont des lieux de rendez-vous fa-
« ciles et publics pour les femmes galantes, la chose est de notoriété
« publique. — Mais les cafés-chantants sont trop tolérés par les
« bureaux de la préfecture et par les bureaux de la police. — Vous
« perdrez donc votre encre et votre temps. — Si vous voulez traiter
« des sujets palpitants, bornez-vous à parler des cercles et des filles
« publiques. »

Je réponds ceci :

Il y a dix-huit mois, on me fit les mêmes observations, lorsque
j'ouvris une campagne contre le privilége de nuit accordé au grand
café de M⁻ᵉ Allemand. Je ne me suis pas arrêté devant ces considé-
rations qui ne manquaient pas de gravité.

Nous connaissons aujourd'hui l'issue du combat.

Qu'est devenu, depuis 1866, le privilége de nuit accordé à M⁻ᵉ
Allemand ?

Que sont devenus tous les acteurs de cette lutte homérique ?

Le café Allemand était devenu une espèce d'institution, une chose
sacrée ; c'était un établissement à part ; il était sorti du droit commun ; il n'était plus soumis aux règlements ordinaires de police,
même en ce qui concerne les jeux.

Les intéressés — c'était leur droit — portèrent plainte, firent un
procès, semblèrent échouer partout, et remportèrent en définitive la
victoire sur toute la ligne.

Le privilége a été retiré à M⁻ᵉ Allemand. — Des démissions presque
simultanées et des droits acquis à la retraite ont privé l'administration des services de M. de Maupas, administrateur du département
des Bouches-du-Rhône, de M. Fanjoux, secrétaire général de la
Préfecture, de M. Marsal, alors à la tête de la police de Marseille.

Un écrivain qui a la vérité pour lui ne doit donc pas craindre
d'aller en avant, quand il réclame le droit commun et la justice
pour tous — surtout s'il s'appuie sur l'opinion publique et s'il a
derrière lui une foule compacte et unie de citoyens, dont la plupart
ont l'agrément de posséder une bourse bien garnie, léger détail qui
permet aux intéressés de pousser les hostilités aussi loin que les
malheureuses nécessités de la guerre entreprise l'exigent.

Ces réflexions faites, je reconnais avec M. X... qu'il y a beaucoup à dire et à faire à propos des cercles et de la prostitution, les deux plaies qui rongent Marseille jusqu'à la moelle des os.

Je ne boude pas ces sujets pantelants d'un triste et douloureux intérêt. Je le prouve immédiatement en jetant un caillou dans le jardin d'une *maison de jeux de hasard* généralement et officiellement connue sous le nom de *Cercle*. Ce *Cercle* est fréquenté par d'habiles manieurs de cartes qu'on appelle « grecs, » bien qu'ils aient vu le jour très-loin d'Athènes et de Corinthe. M. Z... est allé quatre fois dans ce *Cercle*.

La première fois il a gagné neuf cents francs.
La deuxième fois il a perdu mille francs.
La troisième fois il a perdu douze cents francs.
La quatrième fois il a perdu quatorze cents francs.

Il est sous-entendu que M. Z... ne fait pas partie du *Cercle* en question. Je suis tenté de publier le nom de ce *Cercle* facile, où les étrangers que l'on veut alléger de leur bourse sont si gracieusement admis ; mais la loi sur la diffamation, qui ne permet pas de faire la preuve des faits honteux qu'on divulgue, m'en empêche. Je dirai seulement — pour rester dans la limite des publications non défendues par la loi — que ce *Cercle* n'est pas éloigné du boulevard Dugommier.

Beaucoup de personnes supposent, en voyant les trottoirs envahis par les femmes de mauvaise vie, que la loi est impuissante à réprimer ce scandale. Ces personnes sont dans l'erreur. Le fait — par une fille publique — de stationner sur le trottoir, d'appeler et de provoquer le passant, de le prendre de force sous le bras et d'essayer de le conduire chez elle, constitue le délit d'outrage à la morale publique, délit que le tribunal correctionnel réprime, lorsque la police lui en fournit l'occasion.

Pourquoi la police ne réprime-t-elle pas les exhibitions scandaleuses de femmes peu vêtues qui ont lieu sur les trottoirs du *Mont-de-Piété*, de la rue *Noailles*, des *Allées de Meilhan*, de la *Bourse*, du cours *Belsunce*, des rues du *Relais*, du *Baignoir*, du *Petit-Saint-Jean*, de la *Providence*, de la *Fare*, *Dauphine*, des *Convalescents*, des *Dominicaines*, *Thubaneau*, *Longue-des-Capucins*, des *Recollettes*, de *Rome*, de la *Palud*, *Saint-Ferréol*, *Cannebière*, *Beauvau*, *Paradis*, *Thiars*, de *Villeneuve*, *Saint-Basile*, *Lemaître*, des *Petits-Pères*, *Traverse Martin*, *Curiol*, *Napoléon*, *Mazagran*, *Papère*, des *Feuillants*, du *Musée*, des *Beaux-Arts*, *Rouvière*, d'*Aubagne*, *Fongate*, boulevard de *Rome*, cours *Jullien*, boulevard du *Musée*, boulevard *Dugommier*, place des *Capucines*, allées des *Capucines*, etc., etc., etc.???

On trouvera, à la fin de la présente brochure, le résumé d'une audience correctionnelle, dans laquelle la propriétaire d'une *maison de tolérance* de la rue de l'*Olivier* a été condamnée à la prison, pour avoir laissé vaguer ses pensionnaires sur la voie publique.

Mon enquête sur les cafés chantants n'est pas terminée. Je prie les personnes qui auraient des renseignements ou des documents intéressants à me communiquer, de vouloir bien me les adresser, rue de la Rotonde, 26. Ils seront utilisés prochainement.

CHAPITRE V

Bouillabaisse sans poissons.

Quelques journaux ont annoncé par erreur que M. Polydore Gras a donné sa démission des fonctions d'adjoint et de conseiller municipal. Depuis que la maison de commerce Landre, Gras et Cⁱᵉ a suspendu ses paiements, M. Polydore Gras n'a plus paru au conseil, mais il n'a pas envoyé sa démission. M. Gras paraît vouloir suivre l'exemple de M. Pastré, négociant en Égypte, et de M. Mathieu, syndic des agents de change. Ces messieurs le prennent avec un sans-gêne des plus pittoresques à l'égard du suffrage universel. Ils ne siègent pas, mais ils ne laissent pas la place à d'autres, qui, n'étant pas absorbés par leurs affaires particulières, pourraient défendre utilement les intérêts de leurs mandants. M. Levert peut neutraliser l'oubli de ces conseillers, en biffant leur nom du tableau et en faisant procéder à des élections municipales partielles. Ce n'est pas trop de 36 unités pour représenter dignement une population de 300,000 habitants, et défendre avec fruit ses intérêts.

Après les élections municipales de 1865, les conseillers municipaux opposants se réunirent pour examiner si l'emploi d'adjoint devait être accepté, dans le cas où il serait offert. La réunion décida qu'il ne fallait pas accepter. A l'issue de cette séance intime, M. Polydore accepta et peut-être sollicita la position d'adjoint. — C'était raide.

J'ai causé du chagrin ces jours-ci — involontairement — à M. Paul Blavet, chevalier de la légion d'honneur, ancien membre de la commission municipale Lagarde, ex-syndic des agents de change, actuellement banquier. Il paraît que je n'aurais pas dû publier dans le *Toulonnais* le résumé de l'audience du Tribunal de commerce, relative à la liquidation de sa maison de banque de la rue *Impériale*. Je serai bien plus coupable alors, quand je reproduirai les débats recueillis par la sténographie et annoncés par le *Nouvelliste !* La population a intérêt à connaître tous les détails de cette affaire. Cette banque avait été fondée au capital de 1,500,000 fr., avec le concours de MM. Péreire, duc de Galliera et Salvador. Ceux-ci en demandent la liquidation, parce que la perte éprouvée est déjà de 800,000 francs. M. Blavet aurait voulu être nommé liquidateur. Le tribunal n'a pas admis cette prétention. M⁰ Aicard avait fait observer qu'on ne pouvait pas confier à l'homme qui avait laissé le navire se briser sur les rochers du large le soin d'en rassembler la carcasse et les fragments pour les conduire au port. Cette affaire viendra en appel. Elle donne naissance à un autre procès. M. Blavet ne croit pas avoir été aussi mauvais pilote que le dit M⁰ Aicard. Il demande 400,000 fr. aux hoirs Cauvière. Je me borne à indiquer cette affaire, qui est loin d'être claire, et qui sera appelée à l'audience du 29 avril prochain de la 1ʳᵉ chambre du tribunal civil.

M. Nathon, commissaire central, n'a pas eu trop de peine pour obtenir sur le carbonarisme marseillais les renseignements qu'il pouvait désirer. A cette heure, ce fonctionnaire en sait, dit-on, autant que les initiateurs de cette société fameuse. Ces initiateurs se sont déjà signalés précédemment par leur zèle en faveur des candidatures officielles. Quand ils ne peuvent pas faire voter pour l'administration, ils prêchent l'abstention. — Cette rengaine est connue. — Si quelque nigaud a encore besoin d'un avertissement, le voilà édifié.

La franc-maçonnerie marseillaise, qui a l'honneur de compter dans son sein M. Mathon, commissaire central, M. Mittre, médecin du service des filles soumises, M. Guiran, commissaire de surveillance, et plusieurs autres personnages, joue parfois au mystère, de façon à prêter quelque peu à rire. Ainsi, le mot d'ordre est, pour le présent semestre :

MARCHER — MAINTENIR

Si ce mot d'ordre est secret, pourquoi court-il les rues ?

Les élections des francs-maçons sont terminées. Voici les noms des *Vénérables* élus pour l'année 1868 :

Atelier *Le Bon Droit Français* : M. Boubée, en remplacement de M. Rochut;

Atelier *La Parfaite Sincérité* : M. Guiran, commissaire de surveillance à la gare (*réélu*);

Atelier *Les Frères Unis et Régénérés* : M. Barne, avocat (*réélu*);

Atelier *La Phocéenne Maritime* : M. Fabre, minotier (*réélu*);

Atelier *Les Amis Choisis* : M. Crémieux, avocat (*réélu*);

Atelier *La Paix* : M. Fée, négociant, en remplacement de M. Chevalier;

Atelier *Le Phare de la Renaissance* : M. Aufraise, bijoutier, en remplacement de M. Bayle;

Atelier *La Vérité* : M. Rey, en remplacement de M. de Pleuc;

Atelier *Le Bon Droit Écossais* : M. Carriol, vétérinaire (*réélu*);

Atelier *La Parfaite Union*, d'Endoume: M. Viochot, homme de lettres (*réélu*);

L'Atelier *Les Chevaliers de la Palestine* est en sommeil. Les membres de cette loge n'ont donc pas à procéder à des élections, cette année.

Les francs-maçons marseillais sont en général des utilitaires, des humanitaires, des progressistes. Il ont fondé des écoles d'adultes, qui rendent de grands services aux travailleurs illettrés. Ils ont donné au *Gymnase*, le dimanche 22 mars, une matinée lyrique et dramatique, qui a eu le plus grand succès. Il y a quelque temps, un conseiller municipal demanda une subvention de 3,000 fr. pour encourager les directeurs de ces écoles d'adultes. Le nom de *franc-maçon* provoqua une tempête. On n'eut pas le sou disponible. — Si ce conseiller avait demandé une somme trois fois plus forte, pour l'envoi de quelques rossinantes parisiennes, on aurait facilement trouvé de l'argent.

La démocratie marseillaise a fait une perte des plus sensibles dans la personne de M. Joseph Rostand, boulanger, décédé, le samedi 21 décembre, à l'âge de 57 ans, après une longue et douloureuse maladie.

M. Rostand est mort comme il avait vécu, c'est-à-dire en dehors de toute religion officielle et en affirmant jusqu'au dernier moment l'idée démocratique. Suivant ses désirs ses obsèques ont été purement civiles. Le convoi funèbre avait été commandé pour le dimanche 22 décembre, à onze heures précises du matin ; mais, par suite d'un excès de zèle qui a été trouvé peu convenable, le corbillard et les croque-morts sont arrivés à dix heures devant la maison mortuaire, située rue Neuve Saint-Martin, n° 5. Quelques amis du défunt se sont opposés à l'enlèvement du corps avant l'heure qui avait été désignée au bureau des inhumations. Le corbillard a dû, en conséquence, séjourner une heure dans cette rue étroite. La circulation a été interceptée pendant ce laps de temps par la faute de l'administration des pompes funèbres.

Le convoi s'est mis en marche à onze heures précises. Le corps a été transporté directement de la maison mortuaire au cimetière Saint-Pierre. Une foule nombreuse de parents et d'amis, que l'on peut évaluer à trois ou quatre cents personnes, a voulu donner un dernier témoignage d'estime et d'affection à Joseph Rostand et l'a accompagné jusqu'au lieu du repos. Cette affluence de monde a étonné quelques personnes, car le décès de cet excellent citoyen n'avait pas été annoncé dans les journaux et il n'avait pas été adressé de lettres de faire part aux amis et connaissances du regretté défunt.

Cette nombreuse assistance prouve que M. Joseph Rostand comptait un grand nombre d'amis. Plusieurs sergents de ville, *voulant sans doute honorer sa mémoire*, ont accompagné sa dépouille mortelle jusqu'à la rue Saint-Pierre.

Le deuil était conduit par M. Favier, ami ou parent du défunt. Aucun discours n'a été prononcé au cimetière. Joseph Rostand était un homme modeste; ses amis ont su respecter ses dernières volontés en ne faisant aucune démonstration autour de son cercueil.

Un homme d'affaires se présente, depuis quelques jours, chez des personnes connues pour leurs sentiments démocratiques, et leur offre l'achat d'un journal administratif et clérical, qui défendrait à l'avenir les doctrines de la gauche.

Le traité à intervenir paraît d'autant plus facile à exécuter que le gérant actuel resterait à la tête de l'entreprise et qu'on n'aurait pas besoin, par conséquent, de faire agréer un nouveau gérant responsable par le gouvernement pour pouvoir fonctionner.

La situation de ce journal serait des moins compliquées.

Les rédacteurs et le caissier seraient fournis par la démocratie.

Le gérant continuerait à mériter, s'il lui était possible, la confiance de l'administration et du clergé.

Cette feuille ne changerait pas de titre. Elle ne s'appellerait donc pas LE JOURNAL DE JANUS !

On annonce que les ouvriers de l'usine Taylor ont reçu avis que, pendant toute la durée de la saison d'hiver, ils recevraient un supplément de salaire de cinq centimes par jour, *pour pouvoir lutter victorieusement contre la cherté excessive des substances*.

Cette mesure généreuse qui grève la caisse de l'usine d'une dépense supplémentaire de soixante francs par jour puisque les travailleurs sont au nombre de douze cents, est due, paraît-il, à l'initiative dévouée de M. Fanjoux, secrétaire-général de la Préfecture, et de M. Amédée Armand, président de la Chambre de commerce.

CHAPITRE VI.

Marseille utile et agréable.

Au moment où les touristes et les valétudinaires vont quitter les stations hivernales d'Hyères, de Cannes, de Nice, d'Antibes, de Menton et de Monaco, je veux leur signaler un établissement qui vient d'être fondé dans la banlieue de Marseille et qui peut être de la plus grande utilité pour les malades et les convalescents; comme du plus grand agrément pour les voyageurs qui se portent bien.

Je veux parler de la *Villa de santé et du repos*, dont l'organisation est due à la courageuse initiative de M. Desjardin. Ce bel établissement est situé au bord de la mer dans l'ancien local des *Bains Giraudy*, quartier de la Madrague de la ville. Il offre à ses pensionnaires et à ses visiteurs de vastes salons, un riche cabinet de lecture, une excellente table d'hôte, un restaurant à la carte, des appartements somptueux, environ 80 chambres et plusieurs corps de logis, un grand parc admirablement ombragé, des bains simples et médicamenteux dont la variété s'élève jusqu'au nombre de 25.

Le quartier est desservi par les omnibus partant du cours *Belzunce* et passant devant la porte de l'établissement. Le trajet a lieu en moins de demi-heure. L'église du faubourg des *Crottes* est située à une distance de quelques centaines de mètres seulement; on s'y rend, au choix des fidèles, à pied ou dans les voitures de la *Villa*; les touristes et les pensionnaires schismatiques, protestants, israélites ou mahométans sont conduits en ville, s'ils le désirent. Les libres penseurs sont laissés en compagnie de la vaste mer et du ciel sans limites.

Le lieu est sain ; le site est pittoresque. Le choléra ne s'est jamais arrêté par là dans ses voyages à travers la ville et la banlieue de Marseille. Les littérateurs et les peintres qui séjourneront à la *Villa Desjardin* en partiront, bien sûr, avec quelque chef-d'œuvre, car je défie les hommes de talent de vivre au milieu du charme que procure cette nature mi-terrestre, mi-marine, sans que l'imagination s'élève et que l'inspiration arrive.

Un Gymnase établi sous des pins et des térébenthines séculaires et une salle d'escrime complètent l'établissement.

On va chez M. Desjardin pour travailler, à l'abri de la poussière et du bruit de la ville, pour s'y récréer honnêtement, pour s'y reposer ou enfin pour y recevoir des soins intelligents. Chaque pensionnaire peut en effet s'y faire traiter à sa fantaisie et par le docteur de son choix, bien que plusieurs médecins soient attachés à l'établissement.

On est au bord de la *Méditerranée*; on peut prendre par conséquent des bains de mer, mais la grande attraction de la *Villa* est le bain turc ou arabe.

Là tout est oriental. Chanvres de l'Inde et de la Syrie, linge, chibouck et tabac turc, parfums de l'Arabie, enfin domestiques des deux sexes. Un service féminin est organisé pour les bains turcs des dames; cependant, sur la réclamation expresse de celles-ci, le jeune masseur africain est mis à leur disposition, parce que l'opération du massage oriental est des plus correctes et ne présente pas même l'apparence du danger pour la morale et les bonnes mœurs.

Outre les bains arabes on peut prendre les bains de Vichy, de Barèges, sédatif, Raspail, parfumés, galvaniques, sulfureux iodurés, etc., etc.

Les dames paraissent jusqu'à présent avoir une préférence pour les bains turcs et pour les bains parfumés.

A un établissement semblable il fallait un directeur à part, c'est-à-dire jeune, aimable, spirituel, distingué et surtout bien élevé. Il faut recevoir tout le monde avec politesse, et connaître le grand art du monde qui consiste à ne froisser personne! Cet homme rare a été trouvé dans la personne de M. Desjardin qui, malgré sa jeunesse a beaucoup voyagé et par conséquent beaucoup appris dans l'art de recevoir agréablement les voyageuses. A la *Villa Desjardin* on a à peu près tout le confortable et toute la liberté du chez soi sans en avoir les soucis dispendieux et les préoccupations du pot-au-feu sempiternel.

J'ai naturellement eu la curiosité d'aller faire une visite à M. Desjardin, que j'avais connu à son arrivée de Constantinople. Je l'ai trouvé dans le grand balcon donnant sur le parc ; il était entouré de familles vénitiennes, égyptiennes, castillannes, écossaises, américaines et péruviennes. J'étais dans une colonie, une oasis, un capharnaum qui ne manquait pas de charme. On baragouinait un langage mélodieux que j'ai parfaitement compris, car on m'offrait du café.

Le café fera le tour du monde... si on l'accompagne d'une assez copieuse provision de sucre.

L. CHAMPSAUR.

CHRONIQUE JUDICIAIRE

TRIBUNAL CORRECTIONNEL DE MARSEILLE

PRÉSIDENCE DE M. MOUGINS DE ROQUEFORT.

Audience du 8 Février 1868.

OUTRAGES A LA PUDEUR ET A LA MORALE PUBLIQUE

L'autre jour, en nous rendant du Tribunal de commerce au Palais de justice, nous fûmes étrangement surpris, en traversant la rue Glandevès, de voir des femmes de mauvaise vie interpeller les passants et les exciter à entrer dans les lupanards du quartier. Ces femmes stationnaient sur le seuil de leurs portes, bien qu'il fût à peine quatre heures de l'après-midi.

En voyant un pareil scandale à cette heure de la journée, nous nous demandions involontairement s'il se produisait avec la permission de la police.

A l'audience du 8 février, la Chambre correctionnelle fait à cette question une réponse suffisante.

La femme X..., demeurant rue de l'Amandier, est sur le banc des prévenus. Elle prétend que depuis neuf ans qu'elle *fait le métier* (sic), elle n'a jamais causé de scandale dans son quartier. Elle n'en est pas moins condamnée à un mois d'emprisonnement pour avoir laissé agir *ses pensionnaires*, avec le sans-façon éhonté que nous avions remarqué l'avant-veille à la rue Glandevès.

On aurait de la compassion pour la condamnée si, après le prononcé du jugement, on l'avait entendue prononcer des paroles de repentir. Elle a préféré proférer des paroles de défi. — Aux termes d'un proverbe très connu, cette industrielle a 24 heures pour maudire ses juges.

La seconde affaire attire un grand nombre de curieux. Les places réservées au barreau sont envahies par les avocats stagiaires, qui viennent entendre un de leurs camarades, qui doit défendre le sieur M..., frère de la doctrine chrétienne. Celui-ci est inculpé d'outrage à la pudeur sur des enfants âgés de moins de treize ans. Il passe en police correctionnelle après avoir été acquitté en cour d'assises où il était poursuivi sous l'inculpation du crime d'attentat aux mœurs.

M. le substitut Sagot-Lesage soutient la prévention. Il rend hommage à ces hommes modestes et vertueux qui se livrent, par dévouement, à l'instruction de l'enfance ; mais, quand il rencontre un misérable qui s'est glissé dans leurs rangs, il n'hésite pas à le livrer à la justice humaine.

Un jeune avocat israélite, âgé de 23 ans, M° Padoa, qui a déjà obtenu l'acquittement du frère M... en cour d'assises, défend de nouveau le prévenu en plaidant l'incompétence du Tribunal correctionnel.

Les répliques du ministère public et de la défense font renvoyer le prononcé du jugement au mardi 11. Le public sort désappointé.

A l'audience du 11 février, le frère Mouillade est condamné à deux années d'emprisonnement, à deux cents francs d'amende et aux frais. — L. ANDRÉ.

Marseille.— Imprimerie F. OANQUOIN, rue Napoléon, 18

SOMMAIRE

PRÉFACE
Enfantement du Journal Démocratique Quotidien
LE PHARE DU MIDI

CHAPITRE Ier
Les Pontificaux Canadiens

CHAPITRE II
Faillite Emsens et Cie

CHAPITRE III
Vicaires, Desservants et Curés de Marseille; — Casuel; Droit d'Étole, etc., etc.

CHAPITRE IV
Les Cafés Chantants

CHAPITRE V
Bouillabaisse sans Poissons

CHAPITRE VI
Marseille Utile et Agréable

CHAPITRE VII
Chronique Judiciaire; — Outrage à la Pudeur et à la Morale publique

www.ingramcontent.com/pod-product-compliance
Lightning Source LLC
Chambersburg PA
CBHW060602050426
42451CB00011B/2035